SAMMY BRAUCHT HILFE

FUER MEINEN EHEMANN

AUTORIN / COVER / BILDER

TANJA FEILER

POST VON SAMMY

SAMMY MAILT, DASS ER ZU BESUCH KOMMEN WIRD, WENN IN PETCITY JAHRMARKT IST. ALLE GEHEN ZUSAMMEN HIN, DOCH DER GRUND IST, DASS ER KINDERN IN NOT

HILFT UND DRINGEND UNTERSTUETZUNG BRAUCHT. ER KENNT GOOD PET SEHR GUT, NATUERLICH GEHT HAESCHEN MIT. SIE WERDEN ZU SAMMY ZIEHEN, DER ETWA 200 KM ENTFERNT WOHNT. AUF DEM

WEG ZUM JAHRMARKT ERKLAERT SAMMY GOOD PET UND SEINER FRAU WIE IHR NEUES ZUHAUSE AUSSEHEN WIRD UND GOOD PET UND HAESCHEN SIND BEREITS IN UMZUGSSTIMMUNG UND PLANEN MIT.

SAMMY HAT EINE DREI ZIMMER WOHNUNG UND DAS DRITTE ZIMMER IMMER ALS GAESTEZIMMER GENUTZT. ES IST SEHR GROSS, SO DASS HAESCHEN UND IHR MANN GOOD PET GENUG PLATZ HABEN. DOCH

ES GEHT NICHT
NUR UM HILFE VOR
ORT, ES IST AUCH
MOEGLICH, DASS
SAMMY IN ANDEREN
LAENDERN
GEBRAUCHT WIRD,
D.H. GOOD PET UND
HAESCHEN MUESSEN
SICH DARAUF
EINSTELLEN, DASS
ES AUCH SEIN

KANN, DASS SIE IN HOTELS ODER MIT DEM ZELT UNTERWEGS SIND, WOCHENLANG. DOCH FUER BEIDE IST DAS KEIN PROBLEM. SAMMY LEGT GROSSEN WERT AUF TECHNIK, INTERNET IST

SICHER. GOOD PET UND SEINE FRAU NEHMEN IHRE LAPTOPS MIT, DARAUF BEFINDET SICH VIEL SOFTWARE ABER AUCH DATEIEN AUF DEM SERVER, WIE GOOD PETS BUCH, ODER HAESCHENS BERICHTE. GOOD

PET UND HAESCHEN HABEN BEIDE ALS KLEIDERSCHRANK ZWEI GROSSE KISTEN UND EINE KLEINE KISTE, IN DER SICH UNTERLAGEN, TECHNISCHE UTENSILIEN UND PERSOENLICHE DINGE BEFINDEN.

DER UMZUG WIRD
SICH ALSO
UNPROBLEMATISCH
GESTALTEN, SAMMY
HAT IN SEINER
WOHNUNG IM
ZUKUENFTIGEN
ZIMMER DES
EHEPAARS EINEN
GROSSEN
SCHREIBTISCH,
DRUCKER, VIEL

MUSIK NATUERLICH UND EIN REGAL MIT BUECHERN DER CUTE PETS. EIN DOPPELBETT AUS METALL MIT EINER DURCH GEHENDEN MATRATZE IN DEN MASSEN 1,40 M AUF ZWEI METER MIT PASSENDER

DURCHGEHENDER DECKE, ZWEI KISSEN UND TAGESDECKE IST AUCH VORHANDEN. DIE KLEINE KISTE MIT DEN PERSOENLICHEN UNTERLAGEN, TECHNISCHEN GERAETEN, DIE ZU DEN LAPTOPS

GEHOEREN KANN PROBLEMLOS IM SCHREIBTISCH INTEGRIERT WERDEN. DIE GROSSEN KISTEN WERDEN JEWEILS RECHTS UND LINKS VOM EHEBETT PLAZIERT, SO DASS DIE KLEIDERKISTE AUCH ALS

NACHTTISCH DIENEN WIRD. GENAU WIE DIE CUTE PETS, DIE IHREN FITNESSRAUM MIT STEPPER, RUDERGERAET HABEN, HAT SAMMY EINE KLEINE KAMMER MIT EINEM

RUDERGERAET UND EINEM MODERNEN ECHTEN FAHRRAD, DASS ER ZU EINEM TRAININGSGERAET UMGEBAUT HAT, DA IHM DIE UEBLICHEN HOMETRAINER NICHT GEFALLEN. EIN AN DER WAND MONTIERTES

BUEGELBRETT MIT
BUEGELEISEN
GARANTIERT FUER
EINE
EINWANDFREIE
GADEROBE. DANN
GIBT ES EINE
KUECHE MIT
WASCHMASCHINE,
SPUELE, ESSTISCH
UND GENAU WIE BEI
DER CUTE PETS WG

MIT EINEM RIESIGEN KUEHLSCHRANK, EINEM REGAL UND EINEM KLEINEN ELEKTROGRILL, DER WESENTLICH EFFEKTIVER ALS EIN HERD IST. DAS WOHNZIMMER IST SAMMUS ARBEITSZIMMER

UND DANN GIBT'S
DA NOCH SAMMY
SCHLAFZIMMER.
DIE CUTE PETS
SIND
UEBERRASCHT,
DASS GOOD PET UND
HAESCHEN PROMPT
JA SAGEN, SAMMY ZU
HELFEN BEI SEINEM
SOZIALEN PROJEKT.
GOOD PET UND

HAESCHEN ERKLAEREN DEN ANDEREN, DASS SIE VON UEBERALL ARBEITEN KOENNEN, SELBST ZUSAMMEN PROJEKTE WIE EIN NEUES ALBUM SIND UEBERS INTERNET MOEGLICH. GOOD PET HAT GENAU WIE

HAESCHEN BEVOR SIE ZU DEN CUTE PETS GEZOGEN SIND, UNGERECHTIGKEIT ERFAHREN MUESSEN, DESHALB IST ES FUER BEIDE SELBSTVERSTAEND LICH ZU HELFEN. BESONDERS FUER KINDER IN NOT.

DOCH JETZT IST ERST MAL JAHRMARKT. ALLE HABEN SICH DARAUF GEFREUT, KITTY MACHT DIE BILDER.

DER PETCITYPARK
IST KEIN
FREIZEITPARK,
SONDERN EHER EIN
JAHRMARKT. DIE
CUTE PETS SIND
WILDWASSERBAHN,
DIE KRAKE,
ACHTERBAHN UND
RIESENRAD
GEFAHREN. DOCH ES
GEHT NOCHT

WEITER.

BEREITS AM NAECHSTEN TAG PACKEN GOOD PET UND SEINE FRAU IHRE SACHEN UND ALLES WIRD IN SAMMUS AUTO VERSTAUT...

...TO BE CONTINUED

BESONDERS DANKE ICH MEINEM EHEMANN

www.ingramcontent.com/pod-product-compliance
Lightning Source LLC
Chambersburg PA
CBHW050903290526
45792CB00002B/687